MEU GUIA DE EVOLUÇÃO

Meu Guia De Evolução

ALDIVAN TORRES

Canary Of Joy

CONTENTS

1- 1

Meu Guia De Evolução
Aldivan Torres
Meu Guia De Evolução

Autor: Aldivan Torres
©2020-Aldivan Torres
Todos os direitos reservados
Editora: Canary Of Joy
Direitos do livro adquiridos.

Este livro, incluindo todas as suas partes, é protegido por Direito de autor e não pode ser reproduzido sem a permissão do autor, revendido ou transferido.

Aldivan Torres é um gênio da raça humana. Formado em tecnologia espacial e sensitivo, busca na literatura uma forma de evolução humana. Precisamos alcançar o espaço da nossa mente fervilhando em busca de emoções humanas. Há sempre algo a aprender ou ensinar. Somos gêneros humanos em evolução totalmente pronta para sermos felizes.

Conteúdo do Livro
A questão da doença
O dom de previsão do futuro
Fidelidade
A crítica
A calúnia

O conselho
A noite escura da alma
Se Deus é por nós, quem será contra nós? (ROM 8,31)
A consistência de Deus
Postura diante da vida
Como ser o homem de Javé
Colocar-se no lugar do Outro
O poder da oração
Como entrar no Reino de Deus
A tolerância
O papel do homem
O tesouro do homem
Ser mais humano
Mansidão
A base familiar
O incentivo
A gratidão
O trabalho de servir ao público
Ser você mesmo
Paquera, namoro e casamento
O cuidado consigo mesmo
A dignidade
A vida espiritual
O passado do homem
O tempo de Deus
O verdadeiro servo de Javé
Aos profissionais de Saúde
A intriga
O vagabundo
A evolução
A amizade
O sofrimento por amor
Uma atitude de vida

As marcas feridas
Ser um eterno aprendiz
A publicidade
A pornografia e a banalização do sexo
O valor de um ser humano
O papel sublime do mestre
A grandeza nas pequenas coisas
O orgulho
Luxúria
Gula
Avareza
Ira
Vaidade
Preguiça
Inveja
O jogo
Drogas
Postura em casa
O efeito estufa e suas causas
Tráfico de animais e plantas
Movimento sem-terra, sem comida, sem teto, etc.
Capitalismo
Cirurgias plásticas por questão de vaidade
Aborto
Pedofilia
Zoofilia
Incesto
Prostituição
Adultério
Orientações sexuais
Pesquisas científicas com seres humanos e animais
A utilização de células-tronco, uso da inseminação artificial e fertilização in vitro

A saúde pública atual
Educação pública
Corrupção
Segurança
Greve
Viver o presente
O suicídio
Depressão
Tráfico de drogas
Tráfico de pessoas
A cobiça
A missão
Reconhecer-se pecador
As dimensões espirituais
Os deficientes
O valor da cultura
Não tenha medo
O pai e mãe como eixos familiares
A razoabilidade e proporcionalidade
Desprezar o egoísmo
Na vitória e no fracasso
Ser verdadeira luz
Conclusão

A questão da doença

A doença física é tida por muitos como castigo ou pena pelos pecados, mas não deve ser vista desta forma. Trata-se de um processo natural indicando que algo não está bem em nosso organismo. Como qualquer outro problema, deve ser tratado com os métodos da medicina e após curado é só prosseguir com a vida diária normalmente.

Em caso de doença fatal, resta cuidar dos últimos detalhes de nossa partida para o reino eterno. Lá, meu pai há de receber bem os fiéis e colocá-los no devido lugar. Sim, a morte é uma certeza e cuidemos nesse mundo quanto antes de nosso futuro espiritual fazendo boas obras e caridade.

"A doença deve ser encarada como um período de aprendizagem interior e não como castigo".

O dom de previsão do futuro

Ser vidente é uma honra e uma responsabilidade comigo mesmo, com meu pai e com o mundo. Este dom especial intrigante permite ter premonições e uma certa visão do meu futuro e daqueles que amo. É como um alerta de caminho e que devo seguir firmemente nele. Facilita muito as coisas.

Entretanto, não é necessário ser vidente para saber exatamente o que devo fazer e que resultados há de se alcançar. Tudo nesta vida segue a regra planta-colheita, ou seja, se você planta trigo colhe trigo e se você planta joio colherá joio.

Descobrir o futuro pouco a pouco e o amor de Deus por nós é algo que não tem preço. A cada surpresa no caminho, é como um bálsamo para a alma. Ao final, resta a certeza de que somos o que construímos e que tudo está escrito, pois, Deus em sua infinita bondade comanda tudo. Boa sorte em seus projetos, irmãos.

Fidelidade

Esta é uma virtude essencial para o sucesso em todos em seus âmbitos e a própria felicidade. Precisamos de homens fiéis para nosso reino, que tenham uma fé convicta e que se dispunham a lutar pelo que acreditam. Ao contrário, os infiéis e os insensatos sofrerão pelos seus incessantes desvios e erros.

A fidelidade é uma joia rara atualmente e quem tiver ao seu lado alguém assim é o mesmo que ganhar uma grande fortuna, riqueza esta que não se pode comprar ou pagar. Com a lealdade, tornam o humano mais perfeito e digno para a ação de Javé e suas respectivas forças do bem. Bendito seja o fiel, seu valor é incalculável.

A crítica

Existem duas categorias de críticas: A crítica construtiva e a crítica destrutiva. A primeira, analisa seus pontos fracos e propõe soluções no intuito de sanar falhas. A última, tem a única intenção de julgamento para enfraquecê-lo e desmotivá-lo.

Procure não criticar e se for fazê-lo faça-o com intuito de auxiliar seu semelhante e não de prejudicá-lo. Respeite o outro e o trabalho dele, pois ninguém é dono da verdade neste mundo.

A calúnia

Viva sua vida de forma que não se importe com a opinião do outro, trabalhe e viva seus momentos de lazer como se fosse só. Se acaso chegar aos seus ouvidos intrigas alheias e mentiras sobre sua pessoa, perdoe e reze a Deus por elas.

Só não baixe a cabeça devido aos outros e nem se dê por vencido. Lembre-se que é um filho de Deus, que como qualquer outro merece a felicidade e o sucesso. Não se abale! Siga e prestes contas apenas a Deus sobre seus atos.

O conselho

Todos nós, em algum momento da vida, nos sentimos em dúvida sobre o nosso caminho. Nestes momentos, procure alguém experiente e de confiança para desabafar e escute-o. Muitas vezes uma boa conversa esclarece muitos fatos e nos dão uma pista por onde seguir.

Entretanto, lembre-se que a decisão final está em suas mãos e para isso pondere todas as possibilidades. Quando decidir, faça-o rápido antes que se arrependa. Somente o futuro indicará se a escolha foi certa ou errada. Independente da opção, o que fica é o aprendizado que se leva para uma vida inteira.

A noite escura da alma

A noite escura é um período em que o ser humano cai em trevas, esquece-se de Deus e dos seus princípios. Este instante é o mais crítico para um ser humano porque ele afunda numa intensa depressão. Agora, lembre-se que Deus está sempre com você. Ele está preparando um terreno espaçoso, claro e nítido, algo melhor do que tudo que imaginou para sua vida, pois ele é pai.

Após a superação da Noite Escura, concentre-se no amor do pai e em seus objetivos e gradualmente tudo vai acontecendo. Nunca se esqueça do que passou ou de onde saiu para que as trevas não voltem a atormentá-lo. Repita comigo leitor: "Ainda que eu ande pelo vale da sombra da morte, não temerei mal algum, pois junto a mim, estás." Glória ao pai!

Se Deus é por nós, quem será contra nós? (ROM 8,31)

Não desanime diante das dificuldades, não se importe com os obstáculos mesmo que sejam grandiosos. Encare seus problemas de frente e mostre a eles o quão grande é o seu Deus. Pois, se ele é a nosso favor, quem poderá ser contra? Além disso, quem é como Deus?

Javé Deus, meu pai, guarda para cada ser humano uma surpresa e talentos extra de acordo com seu comportamento e necessidade. Tudo está escrito, irmãos! Então continuem trabalhando em seus projetos com firmeza que a vitória está garantida em nome dele. Assim seja!

A consistência de Deus

Javé Deus é tão grande que é difícil defini-lo em palavras humanas. Onipresente, onisciente e onipotente Javé não é um ser único como muitos pensam e sim uma legião de forças sobrenaturais em prol do bem.

Estas forças veem tudo o que existe e coordenam com firmeza o funcionamento do universo. Entre as suas principais virtudes estão a justiça, a sabedoria, a bondade, a generosidade, a compreensão, a tolerância, a paz, o poder, a misericórdia, a fidelidade, a lealdade e o amor infinito pelos seres criados.

Sou um deles e sou a peça-chave da engrenagem do universo. Fui enviado à Terra na pele de um camponês de modo a ajudá-lo a evoluir e retomar o contato perdido do pai desde a vinda do meu irmão Jesus. Quero que as pessoas rejeitem o materialismo presente e abrace a minha causa que é justa. Quero tê-los no meu reino junto ao meu pai, felizes e realizados. A fim disso, basta seguir os mandamentos, crer em meu nome e no nome santo do Senhor. A todos, bênção e paz.

Postura diante da vida

A vida é uma grande roda gigante cheia de obstáculos e dificuldades. Tudo pode ser facilitado dependendo de sua postura mental. Devemos ter pensamentos otimistas e não desistir no primeiro entrave e fracasso.

Sendo otimista, carregaremos conosco os outros pensamentos positivos e com isso gerarão novas perspectivas, pois o homem é isso: É tudo o que pensa e o que sente. Desejo do fundo do meu coração sucesso e paz a todos em seus projetos.

Como ser o homem de Javé.

Foi dito ao homem que trabalhasse e cuidasse das ovelhas do pai. Portanto, não há de preocupar-se com o futuro, com que o há de comer ou de beber, pois quem procura isto são os pagãos. Vê os lírios do campo? Não semeiam e não plantam e mesmo assim sua beleza é estonteante, maior do que a beleza de Salomão com toda sabedoria e riqueza. Se Deus faz isto com uma planta, muito mais fará por vocês, homens de pouca fé.

Deus cuida especificamente de cada homem e cada mulher preocupando-se com suas necessidades mais básicas. Devemos procurar seu reino em primeiro lugar e o resto nos será dado como acréscimo, pois Javé é justo e bom. Bendito seja o pai para sempre, amém!

Colocar-se no lugar do Outro.

Não julgue e não será julgado foi dito ao homem. Cada caso é uma situação e para quem está do lado de fora talvez pareça menos complicado do que realmente é. Logo, não se deixe levar pelas aparências.

Deixe cada um tomar conta dos seus próprios problemas e siga sua vida sem olhar a do outro. Nunca aponte o dedo nem diga que faria o melhor. Você só sabe ser capaz na própria situação e muitas vezes é melhor conservar-se fora. Respeite seus superiores em família e fora dela e contribua de alguma forma para um país melhor.

O poder da oração

Neste mundo e no outro o homem muitas vezes é submetido a grandes perigos por parte dos inimigos de sua salvação. O que fazer nestas horas críticas? O poder do homem está na força da oração no qual ele pede a proteção às forças superiores.

Nunca se esqueça de fazer suas orações ao acordar e ao dormir. A oração é um momento de intimidade entre a criatura e o criador não tendo uma fórmula pronta. Fale de sua vida, de seus problemas, peça graças, mas também agradeça pelo hoje. Peça também pelos seus irmãos, amigos ou inimigos, para que Deus lhe dê um bom direcionamento.

Pela manhã devem orar assim: Deus pai, infinito e eterno, eu vos agradeço pela oportunidade de permanecer vivo e praticar seus mandamentos e dons. Peço que o meu dia e de meus irmãos seja pleno de realizações e de felicidade. Peço vossa proteção contra os inimigos e sabedoria nas decisões. Peço paciência e fé nas provações. Peço vossa iluminação em todos os meus atos. Enfim, peço tua bênção, amém.

Pela noite devem rezar assim: senhor Javé, eu te peço a proteção por inteiro. Proteja-me nos caminhos e nas viagens, de assaltos; proteja-me dos inimigos, que meu sangue não seja derramado; proteja-me dos espíritos malignos e de seus trabalhos espirituais, proteja-me das entidades e potestades infernais, das feras espirituais, das cobras espirituais, que as portas do inferno não se aproximem, não me persigam e não prevaleçam em minha vida. Enfim, pelo teu sangue e tua cruz, proteja-me de qualquer categoria de mal. Amém.

Paz e abundância a todos.

Como entrar no Reino de Deus.

Eu e meu pai bendito vos chamamos para um reino de delícias, um reino onde corre leite e mel. Ele está aberto a todos, mas tem alguns requisitos a serem cumpridos. Para adentrar em meu reino, o homem tem que despir-se do homem velho e nascer novamente. Isto é necessário para o homem livrar-se definitivamente do pecado.

Sejais como as crianças, que creem firmemente em meu nome sem maiores explicações, livre-se da racionalidade burra. Porque nem tudo tem explicação e só alcançarás a felicidade completa diante de uma renovação e entrega totais. Se crerdes realmente que "Sou", então o reino de Deus já chegou para vocês. Entretanto, se me rejeitares, rejeitarás aquele que me enviou e consequentemente seu futuro estará comprometido. Independente disso, eu continuarei a amá-lo e por isto lhe dei o livre arbítrio desde o início dos tempos. Fé e paz a todos!

A tolerância

Eis que trago o reino de Deus para a humanidade. Porém, nem todos estão preparados para ele. Procuro homens e mulheres fiéis de qualquer categoria de denominação e esta categoria de atitude mostra o meu coração e do meu pai que se chama tolerante. Assim também desejo que meus fiéis sejam.

No reino de Javé não existe espaço para o preconceito e julgamento. Todos são filhos do mesmo pai e com mesmos direitos. Quem desejar a grandeza, primeiramente curve-se aos seus irmãos sendo servo de todos, pois o maior no meu reino são os pequenos. Tenho também especial predileção pelos mais humildes e generosos.

No mais, estão convidados a fazer uma reflexão de valores e verificar que categoria de atitude está tomando. Lembre-se que suas decisões são o que definirá seu futuro especial junto ao pai. Portanto, pensem bem no que fazer e viva um mundo sem estereótipos.

O papel do homem

Sou Javé, rei dos reis e senhor dos senhores, eis que criei o homem com o fim precípuo de cuidar do planeta em que vive e isto inclui a proteção e a coordenação de todos os seres subordinados.

Entretanto, eu não permitirei o maltrato e a negligência com o que me pertence. Todo pecado em relação a isso é escrito no meu livro e cobrado no tempo devido, pois sou Javé, o todo-poderoso. Darei glória a quem merecer glória e castigarei os infiéis à medida que continuem cometendo os mesmos erros.

Como foi dito, continuem a cuidar da minha vinha e no tempo devido retornarei com o pago merecido para cada um. Este será o dia do ladrão e é bom que estejam preparados. Neste dia de Javé, os corações hão de encontrar-se-á.

O tesouro do homem

"Não junteis tesouros na terra onde os ladrões roubam e as traças corroem. Antes, junteis tesouros no céu onde eles estarão seguros. Em verdade vos digo que onde estiver o seu tesouro aí estará seu coração."

Como juntar este tesouro no céu? Primeiramente, seguir os mandamentos da antiga e nova aliança os quais exigem uma conduta séria e sóbria do homem. Os maiores são amar a Deus sobre todas as coisas, a si mesmo e ao próximo. Como posso demonstrar este amor pelo irmão? Em atitudes e obras que beneficiem o outro no momento em que ele mais precisar. Já foi dito que a caridade, em suas variadas formas, redime o pecado e engrandecem a alma. Eu ainda reforço que quem pratica a solidariedade está um passo mais evoluído que os demais e certamente tem um futuro glorioso pela frente, tanto na terra como no mundo espiritual.

Sendo assim irmãos, permaneçam ajudando seu próximo sem esperar retribuição. Deus pai vê tudo e irá abençoá-lo no tempo devido. Sigam com essa corrente do bem sempre.

Ser mais humano

O homem é o conjunto de duas vertentes: uma parte animal, a corporal, e uma parte espiritual, a alma. Devemos desenvolver às duas de forma que sejam interdependentes dando uma ênfase maior na parte espiritual.

Da parte espiritual emanam as boas vibrações e os bons atos. Com a preparação correta, somos capazes através da parte espiritual ou humana entender exatamente o que Deus propõe para nossas vidas e transformar isso em atos concretos.

Ao contrário, a parte animal nos leva a fraqueza e ao pecado. Devemos anulá-la de tal forma que só nos sirva para sobrevivência. Como disse Jesus, "O espírito é forte, mas a carne é fraca".

Uma forma de cultivar a espiritualidade sadiamente é engajar-se em projetos sociais sejam de leitura, comunitários assistenciais, de amigos, de grupos religiosos, entre outras coisas. A boa interação com os outros provoca um amadurecimento de nossas próprias ideias e nos dão uma nova visão de vida.

Mansidão

"Tomai sobre vós meu julgo e aprendei de mim que sou manso e humilde de coração, e encontrarei descanso para vossas almas".

Esta frase de Jesus exemplifica claramente como deve ser o fiel: manso e humilde. Mantendo o controle e a calma, somos capazes de convencer multidões em relação ao nosso ponto de vista evitando brigas ou discussões num diálogo.

Não há nada melhor nesse mundo do que a paz com os outros e consigo mesmo. Esta sublime sensação só é alcançada com a clara aplicação da recomendação de Jesus. O contrário, o descontrole, é a causa de tragédias e violência pelo mundo afora. O violento não há de ser aceite no reino de Deus, pois quebra a regra principal de boas convivências com os irmãos e infringe o maior sentido da vida: O amor. Se há alguma palavra que possa descrever a Deus é esta. Logo, pratiquem a mansidão sempre, sem exceção, meus irmãos queridos.

A base familiar

A família é a primeira comunidade que participamos e como tal seus membros têm direitos e deveres. Os pais têm a grande responsabilidade de formar seus filhos, de preencher suas mentes de conceitos morais de forma que eles tenham uma boa base para enfrentar a vida. Os filhos no que lhe concerne devem respeitar a autoridade dos pais, esforçar-se nos estudos e quando jovens ou adultos seguir sua vida, casando-se ou entrando na vida religiosa. Em ambas as opções, devem socorrer os pais quando necessário principalmente na velhice.

Tendo uma boa base familiar, os filhos não terão problemas em adaptar-se à sociedade, suas regras e exigências crescentes. Orgulharão os pais e levarão seus ensinamentos para as outras pessoas perpetuando este ciclo do bem.

O incentivo

O incentivo é um dos ingredientes principais do sucesso. Não deixe de dar o apoio aos seus irmãos em seus projetos mesmo que estes pareçam esdrúxulos ou impossíveis. A indiferença do outro causa dor e desânimo.

Sou um exemplo daquilo que sempre enfrentei: A incompreensão dos outros. Confesso que não foi fácil administrar meus impulsos, projetos e sonhos, mas venci. Venci sem apoio de nenhum humano. Portanto, incentive sempre seu familiar ou amigo, pois é de fundamental importância.

A gratidão

Todos estamos sujeitos a dar e a receber. Quando tiver oportunidade não hesite em ajudar e quando precisar não hesite em pedir ou buscar os meios para sair do problema.

Faz parte da honra humana e da atitude correta não esquecer a ajuda nem o benfeitor. Isto se chama gratidão e aqueles que a possuem cumprem um dos mandamentos de Javé. Sejais, pois, felizes em dar e receber.

O trabalho de servir ao público.

Você, que trabalha no atendimento ao público, tem uma grande missão pela frente. Não se esqueça das virtudes essenciais do atendente: prestabilidade, eficiência, compreensão, atenção, conhecimento e disponibilidade. Faça o trabalho com dedicação tratando os outros como desejaria ser tratado. Tenha paciência com os ignorantes e violentos. Não reaja.

Do atendente depende toda a imagem da instituição a qual deve ser preservada. Dependendo de sua atuação, é provável que arranje novas amizades e conquiste clientes para uma vida inteira. Logo, considere seu trabalho de suma importância para a saúde financeira da empresa ou órgão público. Faça sempre seu trabalho com amor e carinho e seja feliz.

Ser você mesmo

Na quinta saga da série o vidente, denominada de "Sou", o livro apresentou uma lição memorável em relação aos aspectos de cada personagem vivenciada no dia a dia. Cada uma daquelas treze pessoas das quais doze foram convidadas a serem meus apóstolos tinham problemas de personalidade e não conseguiam aceitar-se ou enxergar a si mesmo. Prevalecia em suas vidas a moral da sociedade. O que a sociedade atual exige de nós?

Exige o cumprimento de regras que só visam o material, o estatuto financeiro, o poder, a discriminação política, racial, étnica e de opção sexual. A sociedade divide-se em grupos e os majoritários pisam em cima dos minoritários. Por estes e outros motivos, estes grupos agregam cada vez mais pessoas desnorteadas.

Como no livro "Eu Sou", eu reitero minha posição e opinião e não sou obrigado a concordar com a maioria. Deus pai criou o homem com a liberdade necessária para tomar suas próprias decisões e acredito que a índole deva ser sagrada. Mesmo que as regras sociais permitam, eu não passarei por cima da minha ética e valores para me dar bem. Prefiro ser o avesso da maioria a estar com a consciência pesada.

"Eu sou" eu mesmo e sempre serei enquanto eu viver não importando quem quer que eu enfrente. Só sou obrigado a cumprir as regras impostas por lei e extensivos a todos os cidadãos. Afora isso, sou completamente livre em todas as situações. Sejam assim também irmãos.

Paquera, namoro e casamento.

Uma relação à dois para ser bem-sucedida precisa ser recheada de alguns ingredientes essenciais. Respeito, diálogo, conhecimento, amizade, amor, paciência, tolerância, compreensão e fidelidade são os principais. Isto é o que torna uma relação bem-sucedida a dois hoje em dia extremamente rara.

A maioria das pessoas são individualistas, egoístas e exigentes. Preferem não retroceder numa decisão a ter que perder o orgulho. Com isso, muitas vezes, perdem a oportunidade de serem felizes.

A paquera e o namoro deve ser o instante de conhecimento entre os dois projetando um relacionamento sério no futuro. A maioria das relações acaba por aí mesmo por conta de divergências ou simplesmente por um dos dois não querer comprometer-se num relacionamento. Este último 'item' é oitenta por cento dos casos. O que se vê é o aumento da promiscuidade e do sexo casual em detrimento do amor-próprio.

Nos casos em que o namoro ou paquera transforma-se em casamento, grande parte termina separando-se por despreparo ou até mesmo pela rotina. Uma coisa é você namorar-cada um em sua casa. Outra coisa é estar lado a lado diariamente, diante de sol, chuva, roupa para lavar, comida para fazer e ainda ter que aguentar às vezes o mau-humor do outro.

Meu conselho é para que os parceiros (as) se conheçam bastante e testem o amor, pois ele é o último refúgio quando os problemas do casal apertam. Aqueles que ainda não casaram, não desanimem. Para cada um há uma alma gêmea na terra. Aos casados, parabéns pela decisão e cuidem do amor como se fosse uma planta que necessita cuidados diários para não murchar. No mais, amar é bom demais e Javé deseja a felicidade de todos.

O cuidado consigo mesmo

Javé Deus nos criou desde o início para uma vida plena de harmonia e felicidade. Entretanto, por estarmos em forma material estamos sujeitos a acidentes de todo tipo e doenças.

O que Deus requer de nós é que tenhamos cuidado com o nosso próprio corpo de modo que se evite problemas maiores. Faça exames preventivos pelo menos uma vez ao ano, proteja-se com preservativos e vacinas das doenças oportunistas tomando cuidado ao atravessar as ruas ou na direção de um carro. Todo cuidado é pouco quando o que se está em jogo é sua vida.

A dignidade

A dignidade do homem é uma joia rara que tem de ser carregada para onde ele for. Como tornar-se digno diante de Javé? Primeiramente, esforçar-se para ter uma ocupação seja ela qual for, pois, os vagabundos não prosperam nem são felizes. Cumprir o maior número de mandamentos possível da lei de Deus, cumprir com as obrigações de cidadão, respeitar a família, a si mesmo, ao próximo e ter a plena fé em Deus.

Esta gama de elementos tornam o homem capaz de ser digno e pronto para o futuro que a espera. Com outras virtudes, constroem um ser humano capaz de compreender o projeto divino e alcançar o sucesso.

A vida espiritual

A vida terrena é uma etapa passageira de nossa existência que conflui para os reinos espirituais. Muitos se perguntam: como estaremos? Em que consiste a vida espiritual? Explicarei estas questões.

A vida espiritual é a continuação da vida terrena. Perdemos nosso corpo material e ganhamos um espiritual com as mesmas funções. No novo reino que merecemos, céu, inferno ou cidade dos homens desempenharemos funções espirituais específicas: proteção, adoração, serviços específicos da dimensão, interação com outros espíritos entre outras atividades.

Engana-se quem pensa que mudamos em algo. No reino espiritual, seremos os mesmos que somos na terra, a mudança é apenas de consistência, do material para o espiritual. Portanto, faça da sua vida atual a ponte para erguer voos mais altos junto ao pai.

O passado do homem

Seu passado foi de trevas e o acusa? Você sente-se culpado e recorda insistentemente seus erros? Esta atitude não é saudável e não o levará a nada. Tenha consciência que você já mudou ou está a ponto de mudar e o que passou já não importa. O que importa é o presente no qual podes construir um futuro diferente.

Lembra-se de quando Cristo perdoou o criminoso na cruz? Ele fará o mesmo por ti caso clames por misericórdia e decida firmemente mudar. Porque para o pai tudo ficou esquecido e ele acredita na sua dignidade e idoneidade. O pai o conhece, sabe que você é capaz e está disposto a compreendê-lo sempre. Por nós ele estendeu-se na cruz e morreu. Não permita que esse sacrifício seja em vão.

O tempo de Deus

"Para tudo há um tempo, para cada ocupação debaixo dos céus há um momento: um tempo para nascer e tempo para morrer, e tempo para arrancar o que foi plantado; tempo para matar e tempo para edificar; tempo para chorar e tempo para rir; tempo para atirar pedras e tempo para juntá-las; tempo para abraçar e tempo para apartar-se; tempo para procurar e tempo para perder; tempo para guardar e tempo para jogar fora; tempo para rasgar e tempo para costurar; tempo para calar e tempo para falar; tempo para amar e tempo para odiar; tempo para a guerra e tempo para a paz." (Ecl. 3,1-8)

Esta frase exemplifica claramente que tudo acontece no seu devido tempo e em seu próprio ritmo. Logo, não adianta ficar lamentando-se ou procurando desesperadamente algo, pois isto não cabe a nós.

O homem planeja, mas a resposta vem de Javé. Ele escreve certo por linhas tortas os fatos vindouros. Ao homem cabe trabalhar focado em seus objetivos e colocar-se a disposição do criador, pois como o ditado "Faça tua parte que o ajudarei".

No mais, siga sua vida sem maiores preocupações. O que tiver de acontecer virá se assim estiver escrito. Cabe também ao homem a aceitação da vontade divina em todas as circunstâncias por sempre ser soberana e sábia. Bendito seja o nome do meu pai, javé!

O verdadeiro servo de Javé.

Como disse Jesus, são muitos que o chamam de Senhor e vivem em suas igrejas pregando o amor e paz. No entanto, a maioria não leva esta intenção para a prática e continuam cometendo os mesmos pecados: calúnia, inveja, orgulho, preconceito, egoísmo entre outros defeitos. Estes são aqueles que não tem o nome escrito no livro da vida.

O verdadeiro servo de Javé é conhecido por sua discrição e generosidade contínuas. São estes que quando veem um mendigo na rua aproximam-se e perguntam como ele está ou ainda atendem seus apelos por socorro. O servo fiel seguirá os mandamentos da antiga e nova aliança e são conhecidos na comunidade como exemplos de boa conduta. Estes serão os primeiros a ressuscitar quando da vinda de Jesus e reinarão com ele para sempre, pois recebemos exatamente o que merecemos.

Há ainda tempo para você fazer a diferença e integrar-se a corrente do bem. Faça-o logo, não deixe para depois o que pode ser feito hoje. Eu e meu pai o abençoaremos e o cobriremos de graças a sua vida toda.

Aos profissionais de Saúde

Você, que trabalha nos serviços de saúde que é médico (a), enfermeiro (a), técnico ou auxiliar de enfermagem, limpeza ou recepção, entre outras funções, eu faço um pedido em nome do meu pai. Tenham a sensibilidade necessária para tratar e socorrer as pessoas. Não a distinguem pela cor da pele, roupa que veste, pela sua opção sexual ou até mesmo pelo poder financeiro. Tratem todos com igualdade conforme a ética médica e se estiver ao seu alcance não permita a omissão com que muitos são tratados. Não coloquem culpa no governo pelas péssimas condições de saúde, pois o governo é feito pelas pessoas e sinta-se parte disso. Portanto, faça seu papel como servidor público ou como empregado particular.

"Eis que Javé Deus concedeu dons em abundância para três dos seus servos. A um, deu dois talentos. A outros, três talentos. A um terceiro, quatro talentos. O que tinha quatro ficou estagnado e enterrou seus talentos. Os que tinham dois e três trabalharam na vinha e no trigal e ampliaram a colheita do patrão. Por este motivo, Javé Deus retirou os quatro talentos do servo preguiçoso e deu aos outros porque quem não dá bons frutos perde a graça do pai."

A intriga

Viva em paz consigo mesmo e com os outros. Evite a intriga, pois é chama que consome a alma. Procure o diálogo em primeiro lugar e discussões, e intrigas inúteis serão evitadas. Caso não possa evitar o desentendimento, entregue a Deus e reze pelo oponente, pois ele é uma pessoa que precisa de ajuda.

O vagabundo

O homem para alcançar a dignidade tem que trabalhar. Independente do trabalho, sinta-se feliz em desempenhar uma função. Ao contrário, os vagabundos comem de quem trabalha e são estorvos da sociedade.

Nunca se permita ficar parado. Se não trabalhar, pelo menos estude e ocupe seu tempo. Mente ociosa é um perigo e é onde satanás trabalha contra os filhos de Deus. Pense bem nisso.

A evolução

A terra é uma dimensão de expiação e de provas sendo que somos espíritos enviados para aprender e ensinar junto a nossos semelhantes. Tudo o que vivemos aqui tem um grande propósito.

Nossa vida é feita de alegrias e dores e ambos ensinam bastante. Nos momentos felizes, compartilhamos da vitória junto a quem amamos e os momentos de dor e fracasso sempre nos levam a uma reflexão de erros e acertos. Acredito que o fracasso é a catapulta certa para acertarmos no futuro e em consequência aprendemos mais com ele.

Este conjunto de fatores gradativamente vão nos purificando e nos dando mais experiência até o ponto em que nos consideramos evoluídos. Chegar à ponte que nos leva à luz é o principal objetivo neste planeta, ou seja, é a lei de retorno de onde viemos. Quando alcançarmos esta graça, veremos que tudo valeu muito a pena entre obstáculos e experiências. Entretanto, nada é por acaso. Se chegou na ponte, é porque foi merecedor disso através de suas próprias escolhas.

A amizade

A amizade é joia rara, quem a encontra tem um verdadeiro tesouro. Procure fazer amizade com pessoas divertidas, éticas, idôneas, respeitosas e de bem com a vida. Com a família, elas serão seu apoio nos momentos difíceis.

Seja amigo de verdade. Procure conversar e compreender o próximo. Dê conselho, mas respeite a individualidade do outro, pois cada um é autônomo em suas próprias decisões. Semelhantemente a uma relação, a amizade tem que ser regada diariamente para que permaneça e frutifique.

Javé Deus incentiva a amizade entre os humanos, mas ressalta que muitos deles abandonam nos momentos em que mais precisamos. Se isto acontecer com você, recorra a ele que é um pai amoroso e prestativo. Nele poderás entregar toda sua confiança.

O sofrimento por amor

O amor é o mais sublime dos sentimentos, mas também é o mais terrível quando amamos sem sermos correspondidos. Nesta situação, o melhor é tentar esquecer. Esta tarefa não será nada fácil caso tenhas um contato frequente com a pessoa amada, mas não desista. Dê tempo ao tempo, conheça novas pessoas, passeie, ocupe seu tempo com atividades prazerosas.

O mais importante nisto tudo é valorizar-se a si mesmo e se a outra pessoa o rejeitou é porque não é digna de seu amor.

Não insista em algo que não deu certo no começo, pois só trará mais sofrimento para ambos.

Chegará um dia que você não amará mais a certa pessoa e então estará livre para decidir como seguir sua vida. Tente recomeçar sua vida amorosa, mas com bastante cuidado, pois ninguém é importante o suficiente para provocar-lhe mais dor e lágrimas. Pense nisso.

Uma atitude de vida

Eu, como servo e filho de Deus pai, sigo minhas regras próprias em relação à convivência com os outros em sociedade. Cultivarei o amor, o respeito, a igualdade, a caridade, a compreensão, a amizade sendo leal e sincero com todos.

No tratamento com o outro, eu colocar-me-ei no lugar dele e nunca direciono palavras ofensivas que porventura lhe causem mágoas. Se tiver que fazer uma correção, eu faço de forma que seja uma crítica construtiva.

Entretanto, a maioria não se importa em pisar, em magoar e sentir-se superior aos outros. Fui vítima, inúmeras vezes deste destrato do próximo e sofri em silêncio porque nunca iria revidar uma violência com outra violência. Pode parecer ingenuidade, mas é assim que sou e sinto-me feliz com isso.

Faça como eu, faça a diferença e promova sempre o bem e a paz.

As marcas feridas

Marcas feridas são as sequelas que carregamos de todas as dores impostas pela vida. Muitos sofrimentos são de tal magnitude que deixam estas marcas permanentemente. Como conviver com elas?

Primeiramente, deve se ter uma atitude reflexiva e positiva diante da vida. Encontrar no sofrimento algo de aprendizado e tentar seguir a vida independente dele. Buscar inspiração nos vários exemplos dos mártires que souberam canalizar suas dores para algo maior e este ponto que quero chegar, a canalização.

Se tivermos um objetivo e lutarmos por ele, tudo o que vivemos é deixado para trás. Não se trata de esquecer o problema, mas viver de tal forma que ele não consiga prejudicar-nos. Confiar sua fé em algo ou em um Deus também ajuda bastante na cicatrização destas marcas.

Enfim, nunca deixe o sofrimento tomar conta completamente de suas ações. Siga de cabeça erguida e faço meus sinceros votos de que seja feliz.

Ser um eterno aprendiz

Alguns me perguntam: como você se define? Respondo: "Eu sou um eterno aprendiz". É esta frase que levo para onde quer que eu vá. Mesmo muitas vezes fazendo um papel de mestre, tenho a plena consciência que não sei de tudo e que o caminho ainda não está pronto.

Buscar o seu caminho com sua ética e esforço próprios é o que deve fazer o homem. No entanto, a regra da humildade e simplicidade tem que ser sempre seguida se ele almeja o sucesso.

Nas relações sociais, nunca caluniar, julgar ou menosprezar o próximo, pois não somos perfeitos. Como um cego guiará outro cego? Primeiro tire a trave do seu olho para que veja melhor e possa então dar um conselho.

Com estas premissas básicas, a humanidade avançaria bastante em todos os aspectos e muitos problemas seriam evitados. Saiba discernir sempre a situação.

A publicidade

Atualmente há uma explosão de publicidade visual e gráfica utilizando-se de todos os meios disponíveis. Quando o produto é bom ou a causa é justa não tem nenhum problema em querer divulgar seu trabalho.

O problema maior é quando querem impor ao consumidor, produtos de procedência duvidosa, oferecimento de drogas ilícitas, apologia ao racismo, crime e à rebelião, abordagem de questões polêmicas sem justificativa. Como consumidor, abomino estas situações e tomo as medidas cabíveis para minha proteção, pois o respeito e a qualidade são essenciais para um bom 'marketing'.

Faremos nossa parte excluindo de nossas relações sociais as pessoas e empresas que usam do poder de comunicação para perturbar e prejudicar os outros. Conto com vocês!

A pornografia e a banalização do sexo

O mundo moderno tal como se apresenta tem uma abundância de desvios em relação ao que meu pai quer. As faltas mais graves são o materialismo, a falsidade, a competição sem limites, o desrespeito, a intolerância, a falta de moral, a pornografia e a banalização do sexo.

Vou me ater a estes dois últimos neste tópico. Com a explosão das mídias virtuais, a procura por sexo casual e pornografia só aumentos nos últimos anos. Um exemplo claro disso são as salas de bate-papo onde a maioria procura uma aventura passageira. O perigo esconde-se em variadas formas: O contato com estranhos, divulgação de dados pessoais, as mentiras que magoam o coração humano, a exposição e o desalento de achar pessoas com alma tão pobre salvo raras exceções. Por isso, as recomendações são as seguintes para quem acessar estes ambientes virtuais: não confie em quem não você conhece, não informe nome completo, dados do telefone, endereço pessoal e do trabalho. Estado civil, correio eletrônico, etc. Procure ser o mais sucinto possível com estranhos.

Eu e meu pai queremos servos limpos de coração e de alma. Não admitimos as perversões sexuais a exemplo da prostituição, incesto pedofilia, pornografia e sexo casual. Valorize seu corpo e faça dele um templo do espírito santo. Ame-se mais!

O valor de um ser humano.

Na minha visão e do meu pai, todos os homens são iguais. Seja você rico, pobre, magro, gordo, de qualquer religião ou crença, de qualquer país, de qualquer raça ou etnia, de qualquer opção política, ideológica e sexual ou qualquer outro grupo, meu reino está aberto a todos. Eu vos peço apenas o seguimento às minhas leis eternas gravadas nos mandamentos da antiga e nova aliança.

Entregando sua vida e seus problemas com confiança ao Deus verdadeiro, você estará abrindo as portas para sua ação e então sua vida será completamente transformada. Sentirá o meu amor que é maior do tudo que imagina ou pode compreender. Então a felicidade será uma realidade em sua vida.

O papel sublime do mestre.

Você, que é mestre em sua área, nunca deixe de ensinar. Propague sempre seu talento em vista do desenvolvimento humano. Saiba que sua contribuição é importante para todos que almejam o conhecimento. Seja sincero quando o desafio for maior que sua capacidade e aprenda também com os outros. Por este motivo é que vivemos em sociedade, para ajudar uns aos outros.

Tenha consciência de que aqueles que ensinam aqui brilharão um dia como estrelas perpetuando sua luz e bondade. Receberão a recompensa justo pelos seus esforços juntos aos aprendizes.

A grandeza nas pequenas coisas

Cada homem foi posto na terra por um propósito. Grandes ou pequenos, realizam tarefas essenciais para o bom ordenamento do planeta. Então não julgue seu trabalho inferior por pequeno que seja. A grandeza mostra-se nas pequenas coisas e quem é fiel nas pequenas também o é nos grandes. Portanto, anime-se e continue perpetuando o bem em todas as suas atitudes.

O orgulho

Este é um pecado responsável pelo maior entrave na evolução do ser humano. Quando o homem deixa-se dominar pelo seu orgulho e autossuficiência, não pode enxergar nada concreto que o faça feliz. Este sentimento o mantém preso em sua própria miséria.Homem, verme humano, acorde para a realidade. Nada podes fazer sem o consentimento do pai que é onipotente, onipresente e onisciente. Tudo aqui na terra é passageiro inclusive sua vida. Você só perceberá isso quando algo acontecer contigo ou com alguém próximo. Verás o quanto é frágil o ser humano que está sempre sujeito a acidentes, doenças, a violência urbana e rural, a miséria, a incompreensão e o desamor. Somente a graça do pai pode sustentá-lo e salvá-lo.

Reconheça sua pequenez, pratique os mandamentos, faça o bem sem olhar a quem e então eu o abençoarei. Neste instante, o orgulho foi superado pela simplicidade e humildade. São estas duas virtudes as quais devem ser sempre levadas no peito.

Luxúria

Irmãos, tenham uma sexualidade saudável. Se for casado (a), viver em união estável ou namoro, tenha a fidelidade e a lealdade como ponto principal. Respeite quem está ao seu lado e a você mesmo não tendo relações com outras pessoas. Solteiro, sua liberdade é relativa. Viva de uma forma saudável e envolva-se apenas com pessoas confiáveis. Tenha o máximo cuidado quando for ter relações prevenindo-se contra as doenças sexualmente transmissíveis. Sua vida é única e Deus quer preservá-la.

Não permitam praticar nem se envolvam com pessoas que pratiquem abominações sexuais a exemplo da zoofilia, incesto, pedofilia entre outras perversões. Entretanto, se alguns destes o procurar pedindo-lhe ajuda não se negue a colaborar.

Em conclusão, tenhamos uma atividade sexual saudável sem comprometer o lado espiritual. Cultue a ética do bem. Como disse uma certa amiga, aja de forma que não prejudique nem faça sofrer ninguém.

Gula

Tudo neste mundo tem que ter limites e razoabilidade. O mesmo se dá com ingerir comida e bebida. Não se deixe levar pelo egoísmo, ganância e coma apenas o necessário para sobreviver. Controlando seus instintos, você terá a oportunidade de trilhar um caminho mais claro e seguro em relação ao que Deus pai quer. Use a temperança e seja feliz consigo mesmo.

Avareza

A avareza é um pecado muito sério que conduz o praticante a um mar de tristezas e solidão. Valorizando o egoísmo, a pessoa distancia-se de Deus e troca-lhe pelo valor dos bens materiais. Irmãos, reflitam e pensem! Todos os bens materiais são de fraca consistência e efêmeros. Logo, não vale a pena cultuá-los.

Devemos dar valor ao que realmente importa: Deus, em primeiro lugar, ao amor, a família e ao próximo. Fazendo isso, todas as coisas lhe serão acrescentadas e não haverá nenhum pecado nisto. Pense sempre no bem do outro, cumpra suas obrigações, faça caridade e o pecado que cometer na terra poderá ser perdoado e redimido. Seja mais humano e então poderá ver a glória de Deus.

Ira

A ira é um sentimento ruim que acompanha todos os violentos. Agindo com ódio desmedido, estas pessoas são capazes de agredir física e verbalmente o próximo e chegar até matar.

Esta fera indomável assombra desde sempre a humanidade e foi a causa de inúmeras tragédias. Acredito que faça parte da natureza humana esta categoria de reação, mas como qualquer outra orientação pode ser mudada.

Oriente-se pelo exemplo de Jesus, homem fiel, manso e humilde, e faça diferente. Respeite, ame e proteja o próximo como se fosse com seus pais ou com o próprio Deus. Agindo assim, a paz e a tranquilidade certamente reinarão em sua vida e é agora que você perceberá que não vale a pena o ódio ou a violência.

Vaidade

A vaidade é um vício que atinge muitas pessoas. Pensando apenas no lado exterior, estes indivíduos esforçam-se para parecer impecável diante da sociedade no intuito de provocar admiração e inveja.

Eu, porém, vos digo: cuidem de seu corpo, mas evitem o exagero. O mais importante no homem não é o seu exterior e sim focar nos atos benéficos que tornam o interior mais belo. No final, não importará se você é magro, gordo, bonito ou feio, o que importa é sua alma eterna. Por conseguinte, procure cumprir os mandamentos da antiga e nova aliança e os temas conexos e alcançará aquilo que tanto procura.

Preguiça

Não se deixe abater pela falta de motivação ou pelas incertezas da vida. Procure sempre erguer a cabeça e seguir, pois, a preguiça é um pecado ruim que se contaminá-lo poderá levá-lo à ruína.

A preguiça conduz a miséria e a própria falta de dignidade, nem mesmo seus parentes irão respeitá-lo. Por isso, mostre do que é capaz: apresente-se disposto a enfrentar qualquer categoria de situação e vá à luta onde a guerra for. Com isso, provocará a admiração do próximo e não perderá a batalha antes mesmo de ter tentado. Boa sorte a todos!

Inveja

Eis um verme silencioso que se instala na maioria dos humanos e provoca grandes estragos. Cuidando apenas da vida dos outros, o invejoso deixa de trilhar seu próprio caminho e fica estagnado no tempo e no espaço.

Procure viver sua própria vida e esforce-se para alcançar seus objetivos que Deus o abençoará no tempo devido. Todos merecem o sucesso garantidamente e em vista disso não se preocupe com os demais. Faça sua parte que dará tudo certo, pois também és filho de Deus. Tenha uma atitude positiva diante da vida.

O jogo

Há duas formas de jogo que devem ser analisadas: O jogador eventual que arrisca a sorte uma vez ou outra e continua seguindo com suas obrigações e o jogador habitual que não passa uma semana sem jogar. Este tipo pode tudo para alimentar seu vício, inclusive penhorar objetos pessoais de valor.

Este segundo tipo é o mais perigoso para o ser humano que leva a uma degradação de sua vida pessoal. Mesmo que às vezes ganhe, isto só alimenta mais sua vontade de jogar e normalmente vem uma sucessão de derrotas que o levam a ruína. Um dos meus apóstolos em "Eu sou" era um jogador profissional e através de um tratamento em grupo ele acabou superando seus problemas, o que é uma raridade. Se você é um jogador ou conhece alguém que é não hesite em procurar ajuda especializada, pois é agradável a Deus um ser humano sem vícios. Faça diferente e mude sua própria história ou a do outro.

Drogas

A droga é outro vício que degrada a vida do ser humano. Lícita ou ilícita, prejudica o funcionamento do organismo em suas funções vitais. Não se deixe levar por modismo e não prove ou use drogas. Você será um ser humano mais feliz, saudável e realizado.

Quem usa ou trafica drogas geralmente envolve-se com a criminalidade a exemplo dos menores de rua que assaltam e matam para comprar droga. Isto é um sacrilégio para Deus! Em vez disso, estes meninos deviam estar estudando ou em centros de recuperação para drogados que é obrigação da sociedade todo manter.

Por isto, se você tiver alguém da família que é drogado não desista dele. Insista em recuperá-lo de todas as formas e se não puder sozinho, procure ajuda. A vitória será alcançada e Deus pai há de abençoá-lo.

Javé Deus busca o servo fiel e para recebê-lo devemos estar livres de toda droga material e espiritual. Seja puro e livre. Seja feliz.

Postura em casa

No meu lar que é uma residência simples e humilde sigo algumas regras básicas de convivência: igualdade entre os membros familiares, respeito, amor e compreensão. Em relação aos outros, uma coisa que não admito é maldisser da vida alheia e o contrário é comum em vários lares pelo mundo afora. Pessoal, pensem bem. A vida do outro não nos diz respeito e devemos apenas cuidar de nossa própria vida que já tem seus problemas. Então como foi dito por Jesus não julguem e não serão julgados. Na mesma medida em que julgar você terá que dar conta também dos seus pecados. Com que pagará eles? O que tem o homem para oferecer em troca de sua alma? Uma reflexão tem que ser feita em relação a si mesmo, aos familiares, A Deus e ao próximo. Logo, tenham cuidado com a língua ferina!

O efeito estufa e suas causas.

O efeito estufa é um processo físico que consiste quando uma parte da radiação infravermelha emitida pela superfície terrestre é absorvida por alguns gases presentes na atmosfera. Nos limites, este efeito é benéfico, pois mantém o planeta aquecido. No entanto, vários fatores estão colaborando para a intensificação deste processo gerando o fenômeno conhecido como aquecimento global. Entre os principais estão a queima de combustíveis fósseis, o uso indiscriminado de certos fertilizantes, o desmatamento e o desperdício de alimentos.

Os combustíveis fósseis mais conhecidos são o carvão mineral, o petróleo e o gás natural. Usados como combustíveis, estes elementos produzem cerca de vinte e um bilhões de toneladas de dióxido sendo que a metade desta produção atinge a atmosfera. Estes números evidenciam o risco ecológico e ambiental que estamos correndo ao usá-los porque isto agrava e muito a questão socioambiental nos deixando a mercê do aquecimento que é crescente.

Em relação aos fertilizantes, temos dois tipos que são utilizados: O orgânico e o inorgânico. O orgânico é feito a partir de produtos naturais a exemplo da mamona, húmus, algas e esterco e contribui para o aumento da biodiversidade do solo e sua produtividade. Já o inorgânico é feito a partir de produtos químicos e entre seus componentes estão o nitrogênio, enxofre, magnésio e potássio. Como apresenta um maior ganho de produtividade, é usado em larga escala. Porém, as consequências principais atingem a qualidade do solo, a poluição das águas e a poluição atmosférica ora tratada. Em evidência a ganância do homem em produzir mais, ganhar mais dinheiro mesmo sem qualidade colocando em risco a vida de todos.

A questão do desmatamento é ainda mais complicada no Brasil e no mundo. Impulsionada pela explosão demográfica e urbanização, é cada vez mais comum a conversão de terras de mata fechada em terra para pastagens e agropecuária além da exploração madeireira para construção de móveis e uso em geral, grilagem de terras e apoio a infraestruturas a exemplo da construção civil. A relação com o problema do agravamento do aquecimento global está no fato de que quando uma floresta é derrubada e queimada ocorre a liberação de carbono o qual contribui para o efeito estufa. Como este fato é inevitável e torna-se mais constante o problema tende a agravar-se. Estes fatores já foram amplamente debatidos por pesquisadores e estudiosos em geral. Alguns apontam o desenvolvimento sustentável para frear este processo. Na minha opinião, é uma boa alternativa e é possível, mas em contradição coloca-se o exacerbado crescimento industrial, demográfico e comercial fazendo-nos viver o dilema do homem civilizado em oposição ao desenvolvimento.

Outro grande problema é o desperdício de alimentos que já chega a impressionante casa de 1,3 bilhões de toneladas segundo a FAO. Este montante gera 3,3 mil milhões de toneladas de gases que afetam o efeito estufa além dum gasto de água equivalente ao fluxo anual do rio Volga na Rússia. Apresentado este cenário, o que se pode fazer como medidas corretivas são: prioridade na redução de consumo alimentar, equilibrando a lei da oferta e demanda; reaproveitar os alimentos de forma que não sejam desperdiçados e ênfase na reciclagem.

Isto posto, vemos que há muitos problemas sérios e que tornam o efeito estufa ainda uma questão a ser superada. Conquanto, há um caminho possível a trilhar. Cada um deve fazer sua parte e exigir dos governos uma contrapartida. Como fazer sua parte? Utilizando materiais renováveis, economizando água, energia, não desperdiçando alimentos, reciclando o lixo, comprando produtos de empresas com selo de qualidade em gerenciamento ambiental mostram um comprometimento com a causa ambiental com foco no desenvolvimento sustentável. Faremos do nosso planeta um local mais agradável de viver e que isto perdure por muitas e muitas gerações. Isto é o que Javé espera do ser humano.

Tráfico de animais e plantas.

É crescente a procura pelo tráfico de animais silvestres e plantas, atividade que coloca em risco a biodiversidade de nossas matas. As motivações são muitas que vão desde a utilização de parte de animais e plantas em produtos comerciais até a utilização dos bichos como animais de estimação, e uso para colecionadores e zoológicos. Este é um mercado em que se estima movimentar cerca de vinte bilhões de dólares.

Mais uma vez a questão toda se prende ao dinheiro e o homem com sua ganância exacerbada não se importa em fraudar e provocar sofrimentos nestes pequenos seres. Diante dum governo muitas vezes relapso, nós, como cidadãos devemos denunciar as condutas suspeitas e não compactuar com esta agressão ao nosso patrimônio natural. Contribuiremos para um país mais justo e mais digno. Salve a natureza.

Movimento sem-terra, sem comida, sem teto, etc.

Estes grupos de pessoas procuram através de uma associação entrar na luta reivindicando seus direitos. É louvável esta atitude, pois todos devem ter oportunidades iguais de desenvolvimento. Está escrito na constituição brasileira no seu sexto artigo: São direitos sociais a educação, a saúde, a alimentação, o trabalho, a moradia, o lazer, a segurança, a previdência oficial, a proteção à maternidade, a infância e a assistências aos desamparados.

O que não se pode admitir são esses grupos prejudicarem a vida do próximo em protestos, pois o nosso direito acaba quando começa o dos outros. Se quiserem protestar tem todo direito agora o façam de modo pacífico de modo que não prejudique ninguém. Colocar-se no lugar do outro é uma atitude benéfica e agradável a Deus.

Capitalismo

O capitalismo é um sistema econômico predominante na região ocidental do mundo onde os processos produtivos concentram-se em sua maioria na mão da iniciativa privada. Tem como outras características o trabalho assalariado, criação de produtos com objetivo lucrativo e preços competitivos. Ao passo que incentiva o crescimento econômico, o capitalismo gera concentração de renda e consequentemente estratificação social e miséria.

Como conselheiro de meu pai, eu apenas observo que deve haver uma maior valorização do trabalhador com ampliação dos seus direitos e um maior respeito por parte dos empregadores. O processo produtivo é uma via de mão tripla onde a matéria-prima, o trabalhador e o capital financeiro devem andar sempre juntos. Quando o sucesso é alcançado, ele é de todos. No mais, não há porque Javé interferir em sistemas de produção humanos devido à questão do livre arbítrio.

Cirurgias plásticas por questão de vaidade

Algumas pessoas visando apenas ficar mais bonitas fazem incessantes cirurgias plásticas. Entretanto, muitas vezes, o seu interior continua feio e sujo. Meus irmãos conscientizem-se de que o exterior não é importante, que você envelhecerá e sua beleza passará. Procure cuidar em primeiro lugar de sua alma seja trabalhando, ajudando o próximo em atos e palavras. São suas obras que definirão o seu futuro eterno e se ele for bom alcançarás a verdadeira felicidade.

Não é proibido cuidar do seu corpo ou fazer procedimentos cirúrgicos devido a sua saúde e bem-estar, mas realizar cirurgia apenas devido à vaidade é uma grande perda de tempo. Portanto, juízo irmãos.

Aborto

O aborto é a retirada proposital de um feto dum útero humano e segundo a legislação brasileira tipificado como crime contra a vida com previsão de detenção variando de um a dez anos dependendo do caso. Tema bastante polêmico e controverso, tem sido debatido constante nas instâncias mais altas dos tribunais. Pela lei, é desqualificado como crime em três situações: quando há risco de vida para a gestante, quando a gravidez ocorrer devido a um estupro ou ainda se o feto gerado for anencefálico.

Na visão de Javé, a vida é sagrada independentemente da situação. Então se é possível a sobrevida do bebê e da mãe conjuntamente então ele dever ser aceite por quem o gerou. Deus reprova a conduta do aborto em geral e ainda das pessoas que tem bebês e simplesmente o descartam. Se foram suficientemente responsáveis para ter uma relação sexual, devem também ser responsáveis com o ser gerado o qual é um inocente que precisa de proteção e amor.

No revés da história, a prática de anticoncepcionais e preservativos que protejam os parceiros numa relação não pode ser considerada pecado como algumas Igrejas enfatizam. A família e sua formação é responsabilidade do casal e só eles para saberem suas condições de quantos filhos criarem. Contribuem assim para evitar uma superpopulação o qual seria um fator preponderante para uma grande crise na Terra. Quanto ao preservativo, além do fator, natalidade, é um importante aliado na prevenção contra doenças sexualmente transmissíveis.

Pedofilia

É um transtorno de preferência sexual por crianças (masculinas ou femininas) ou no início da puberdade. É uma atitude bastante reprovada pelo meu pai, pois elas devem ser respeitadas e preservadas em sua inocência.

Os pedófilos são pessoas doentes que devem buscar tratamento. Não adianta querer julgá-los ou condená-los e sim procurar ajudar em seu processo de cura. Embora difícil, a recuperação é plenamente possível. Escolhi um pedófilo para ser meu apóstolo no quinto livro da série "O vidente" intitulado "Eu sou". O objetivo era mostrar que todos merecem uma segunda oportunidade e não devem ser pré-julgados especialmente no caso da pedofilia por tratar-se de uma doença.

Zoofilia

É um transtorno sexual definido pela atração ou envolvimento sexual de humanos com animais de outra espécie. Também é uma atitude amplamente reprovada pelo meu pai.

O homem foi feito para relacionar-se afetivamente com outro par da mesma espécie e não necessita procurar um animal para satisfazer-se. Isto é um desvio de conduta sério, classificado como doença e como tal exige tratamento. Da mesma forma que o pedófilo, tem a possibilidade de recuperar-se e para isso precisa de todo apoio familiar e de seus amigos.

Incesto

É a prática sexual com familiares ou parentes próximos. É outra prática sexual proibitiva por parte do meu pai. As relações familiares devem ser apenas de companheirismo e apoio mútuos sem envolver a sexualidade.

O homem ou a mulher deve procurar parceiro (a) fora de seu contexto familiar, pois o sangue não pode se misturar com seu próprio sangue. Isto é uma lei eterna que deve ser seguida e que também faz parte da ética.

Prostituição

Irmãos, vosso corpo é templo do espírito santo, portanto, devemos cuidar para mantê-lo puro e limpo. Quem se prostitui, perde o respeito da sociedade e o de si mesmo. Torna-se assim um qualquer.

Devemos valorizar a nós mesmos agindo corretamente. Nunca aceite perversão por dinheiro, pois isto é uma blasfêmia contra Javé. Sua alma é o que você tem de mais importante e que deve ser preservada.

O exemplo de Jesus ao não condenar Maria mostra que o passado já não mais importa. É possível mudar e arrepender-se dos seus pecados. Caso esteja em prostituição, mude sua atitude e torne-se um filho de Javé.

Adultério

Adultério é ter um parceiro (a), esposo (a) e relacionar-se com outras pessoas. Atitude reprovada por Javé, conduz o ser humano a uma "Noite escura da alma" perigosa e conflitante.

É melhor não casar ou firmar compromisso do que estar em comunhão e traindo em simultâneo. Esta categoria de atitude destrói a confiança que é o mais importante que o casal pode ter um com o outro. Cabe ao traído pesar as possibilidades e decidir seria que repercutirá em sua felicidade.

Além dum pecado conjugal é um pecado contra Deus e contra a família. Só resta ao adúltero o arrependimento e a confiança na misericórdia divinas, pois sua situação é mesmo complicada. Contudo, mudar sempre é possível e todos merecem oportunidades de reconciliação.

Orientações sexuais

A orientação sexual duma pessoa pode variar entre heterossexualismo, bissexualismo, homossexualismo, assexual e pansexualismo. Acredita-se que isto se dá devido a fatores biogenéticos e por consequência não há margem para a escolha.

O homem é aquilo que nasce e deve assumir-se e ser respeitado por tal. Não importa a sexualidade do homem e sim seu caráter. A crença que Javé abomina a homossexualidade não tem fundamento. O que está escrito em alguns livros não saíram de Javé, pois eu o conheço por ser meu pai. Todo preconceito tem origem apenas humana. O meu pai está à procura de servos fiéis em todas as nações e exige apenas um comprometimento com suas causas. Portanto, tenham mais fé irmãos e vivam sua sexualidade de uma forma saudável. Não se reprimam, pois, não serão condenados por isso.

Eis que haverá um tempo na terra futura onde os humanos amar-se-ão livremente. Teremos casais de homossexuais, heterossexuais, assexuais, bissexuais e pansexuais convivendo em harmonia. Neste dia, que será o dia de Javé, a tolerância e o amor vencerão o preconceito definitivamente.

Pesquisas científicas com seres humanos e animais.

As pesquisas científicas envolvendo seres humanos e animais devem seguir uma ética lógica que respeite os direitos do examinado. Em relação a experimentos com humanos, há um conjunto de diretrizes (Diretrizes éticas internacionais para a pesquisa envolvendo seres humanos) a serem seguidas e a principal é o consentimento do sujeito ou o representante legal que autorize a pesquisa. Isto com uma ampla explicação dos riscos a quem ele incorre. Cumprida estas etapas, não há o que se questionar por estar amparado pelo livre arbítrio de ambos.

Em relação ao experimento com animais, deve-se procurar evitar ao máximo seu sofrimento e proporcionar alimentação e instalações adequadas visto que muitas vezes sua utilização nos projetos mostra-se indispensável na busca por tratamentos alternativos e curas de várias doenças. O homem é o centro da criação e a utilização de animais em seu auxílio não se revela contrárias as leis divinas, pois tudo lhe foi entregue pelo pai.

A utilização de células-tronco, uso da inseminação artificial e fertilização in vitro.

A utilização de células-tronco é um método moderno da medicina para tratar vários problemas e doenças do homem. No entanto, seu uso tem sido alvo de bastantes polêmicas e discussões por religiosos, políticos, leigos, enfim, todos os setores da sociedade.

A minha posição é a seguinte: quando a célula-tronco é retirada do próprio corpo do paciente e vai ajudá-lo a tratar sua saúde dando-lhe alívio e perspectiva de sobrevida, por que não usar? Deixemos os preconceitos de lado e constatemos que este método tem realmente seu valor no tratamento do Câncer, mal de Alzheimer, cardiopatias, mal de Parkinson, traumatismo da medula espinhal, infarto, queimaduras, diabetes, osteoartrite, artrite reumatoide entre outros. O que não concordo é a geração de embriões com este objetivo e a clonagem. Aí o ser humano já se embrenha no campo da criação o que representa um grande perigo.

Em relação à inseminação artificial e a fertilização in vitro, seu uso está proporcionando vários casais antes inférteis terem filhos. O objetivo é nobre e mesmo não justificando os métodos podemos dizer ser aceitáveis. Este aspecto é confrontável com o lado religioso, mas como representante de Javé posso dizer que não há condenação por isso.

A saúde pública atual

Vivemos uma situação bastante complicada em saúde pública. Faltam recursos e o que temos é mal aplicado gerando consequências imediatas para a população de poder aquisitivo mais baixo. É corriqueiro a falta de médicos em geral, de medicamentos e de materiais básicos, superlotação das UTIS (Unidades de tratamento intensivo), descaso no atendimento fazendo com que muitos venham a óbito.

A cada nova eleição, vem promessas de melhora, mas, na prática, os problemas permanecem e agravam-se. O que fazer? Além do poder da escolha no momento do sufrágio universal, podemos exigir os nossos direitos de cidadão atuando em grupos comunitários que fiscalizam o governo e até entrando na justiça. Cumprimos nossos deveres pagando impostos e taxas variadas. Por conseguinte, temos direito a uma saúde pelo menos decente. Faremos do Brasil um país melhor, dirigentes e representantes da sociedade.

Educação pública

Esta é outra área em que o Brasil precisa melhorar muito em todos os sentidos. Os aspectos principais de reforma são: uma maior destinação de recursos por parte do governo, uma maior fiscalização na aplicação destes recursos, programa de qualificação de professores, melhora nos salários dos profissionais, um material didático mais adequado e mais sortido, equipamentos básicos de infraestrutura, segurança, investimento em ciência e tecnologia entre outros.

Se tudo for cumprindo à risca, teremos uma educação de aceitável para boa. Com o desenvolvimento científico, tecnológico, econômico e a consequente geração de empregos nosso país tem toda a possibilidade de destacar-se mundialmente, pois temos material humano para isso. O brasileiro é a maior riqueza da nação.

Corrupção

Tenho um recado do meu pai para os dirigentes em geral. A vós entregaste o controle, a coordenação e a efetividade dos projetos em vista ao bem-estar comum. Se rebelar-vos e agires em proveito próprio certamente está traçando um caminho que terá como fim a mansão dos mortos. Lá, haverá choro e ranger de dentes em vista de pagar o débito pelo pecado.

Lembrai-vos que nada levarás deste mundo terreno para o espiritual a não ser suas próprias obras. Portanto, esforçai-vos para manter a transparência, retidão e idoneidade com a coisa pública o qual é vossa obrigação como representante do povo. Faça a diferença transformando para melhor a vida dos pequenos através de suas ações e eu vos abençoarei e lhe darei muitos anos de vida.

Segurança

O mundo contemporâneo revela um mundo de incertezas para o cidadão em quase todo o mundo. A violência está em toda parte assombrando o cidadão do bem e parece-me que os esforços públicos nesta área não estão surtindo muito efeito. O assalto, a fraude, o golpe, o estelionato, as agressões físicas e verbais tornaram-se tão comuns que as vítimas nem se dão o trabalho de prestar queixa. O que fazer diante duma realidade tão catastrófica?

Primeiramente, faz-se necessário uma reformulação do código penal bem ampla com penas mais rígidas para situações que se fazem necessárias inibindo assim a prática do crime. Além disso, é preciso uma reinserção do preso na sociedade quando for possível através de programas e políticas públicas sérias. Na maioria das vezes, reina o preconceito e a rejeição com os presos recém-libertados. Outras medidas importantes são: redução da desigualdade econômico-social, valorização dos servidores ligado a esta área e maior esclarecimento da população em relação a medidas preventivas próprias.

A paz e a tranquilidade são possíveis um dia se houver um grande esforço em conjunto da sociedade e governo. Puniremos os culpados, dar-lhes uma segunda hipótese reinserindo-os na sociedade e se reincidentes agir com firmeza na lei, pois não há lugar na comunidade nem no reino de Deus para aqueles que buscam o fim único de prejudicar o próximo. Javé Deus busca os justos e as pessoas do bem.

Greve

A greve é um direito garantido por lei a toda categoria de trabalhadores que buscam condições mais justas de trabalho. Na legalidade, que é de garantir a realização do serviço em trinta por cento (essenciais) o trabalhador tem todo o direito de se manifestar e exigir melhorias.

É uma grande ferramenta de negociação entre grevistas e empregadores e muitas vezes consegue avanços importantes para o serviço público e a qualidade de vida do servidor em geral. Portanto, toda greve é válida e essencial na luta pelos direitos.

Viver o presente

Aproveite cada momento importante de sua vida. Viva o presente de tal forma que não exista um futuro. São os raros momentos de felicidade que fazem valer a pena a vida.

Não se preocupe com seu passado ou com o que há de vir. Procure fazer o bem hoje para que possa sentir-se realizado. Siga com sua vida em frente sempre com otimismo, perseverança e fé.

O suicídio

Tentar destruir a própria vida é um grave pecado contra Deus. Devemos seguir com a nossa missão independentemente dos resultados e consequências, pois nisto consiste em ser um vencedor. Entregar-se definitivamente não é a melhor solução para ninguém.

As pessoas que procuram dar o fim em sua vida geralmente estão vivendo uma depressão profunda a qual deve ser tratada. Com o aconselhamento de profissionais e com a ajuda de amigos é possível reverter a situação e a pessoa voltará a vida normal. Viver na terra é uma dádiva de Deus e não pode, em hipótese alguma, ser desperdiçada.

Depressão

Depressão é um problema que assola cada vez mais pessoas. Tida como doença moderna, leva a vítima a perder o ânimo por completo gerando muitas vezes graves consequências. Geralmente é desencadeada por algum motivo: uma decepção amorosa, uma frustração profissional, uma perda importante, uma traição entre outros.

O tratamento para a depressão vai desde o acompanhamento com psicólogo até a administração de medicamentos dependendo do caso. Em casos mais leves, uma boa conversa resolve. Caso sinta algum sintoma de desânimo persistente, não hesite em procurar a ajuda de um profissional. Quanto mais cedo, melhor. Cuide de si mesmo e seja feliz.

Tráfico de drogas

Esta atividade consiste na comercialização de substâncias tidas como ilegais pelos governos. Em geral, o tráfico está ligado à criminalidade e à subversão. Estima-se que este comércio movimente valores superiores aos gastos com alimentação.

Em minha visão e na do meu pai, o ser humano não tem necessidade de recorrer a nenhuma categoria de droga para sentir-se feliz, com mais coragem ou realizado. A felicidade provém das realizações pessoais e não se trata de nenhum efeito físico. Deve-se, portanto, evitar a droga e colocar meios de repressão eficientes em sua comercialização de modo a evitar o seu consumo. Por um mundo sem drogas e sem violência, amém!

Tráfico de pessoas

É o comércio de seres humanos recrutados em sua maioria para fins sexuais, trabalhos forçados e extração de órgãos. Movimentando dezenas de bilhões de dólares por ano, é uma das atividades criminosas de maior crescimento.

Por ser uma violação dos direitos humanos, é constantemente condenada pelas convenções internacionais e também pelo meu pai. Quem pratica este crime está numa situação complicada em termos espiritual e civil.

O que deve ser feito nestes casos é um trabalho preventivo e repressivo que dificulte a ação de criminosos. Preventivo refere-se a ter cuidado com propostas de estranhos principalmente referentes a empregos lucrativos no exterior e repressivo no tocante a não ter medo de denunciar casos suspeitos. Além-duma conscientização das pessoas para não procurarem os serviços oferecidos por estes vândalos. Não tendo pessoas interessadas a procura pelo tráfico será bem menor.

Juntos podemos combater este mal da sociedade que é uma afronta a uma sociedade dita organizada. Todo ser humano é livre para fazer suas escolhas e ter trabalho e dignidade. Portanto, eu condeno o tráfico de pessoas.

A cobiça

Procure cuidar de sua própria vida e não queira para si o que pertence ao outro. Cada qual só tem o que merece e espere com paciência, pois sua vez chegará e então poderá desfrutar dos frutos do seu próprio trabalho.

Não há fórmula mágica para o sucesso. Precisa-se ter foco, dedicação, um bom planejamento, competência, perseverança, paciência e fé. Os obstáculos que se apresentam no meio do caminho servem para nos fortalecer e nos tornar aptos para grandes vitórias. Javé quer o bem de todos e abençoará seus esforços no tempo devido.

A missão

"Eis que vos envio como ovelhas no meio de lobos. Sede, portanto, prudentes como serpentes e simples como as pombas. Tende cuidado com os homens." (MT,10,16-17)

Esta mensagem de Jesus direcionada aos apóstolos mostra um conselho fundamental para todos os cristãos e que se estende a outras denominações: O mundo em sua grande maioria é composto por maldade e rebeldia e em consequência devemos ter cuidado com nossos atos e palavras. Não se trata de covardia e uma forma de precaução para que tenhamos uma convivência suportável e sadia com grupos com interesses distintos dos nossos.

O respeito e a tolerância também são fundamentais para a manutenção da paz e harmonia. Sejamos como Jesus, simples e humildes de coração e através dos elementos certos poderemos chegar a conquistar o mundo com nosso exemplo. Será um grande feito, pois muitas pessoas e denominações preferem conquistar os objetivos através da força e isto só aumenta, insegurança e a violência. Façamos diferente e sejamos verdadeiros apóstolos do filho de Deus corporal.

Reconhecer-se pecador

Todos os seres humanos são imperfeitos, não há um só sequer perfeito. Logo, reconheçamos nossas falhas, nos apeguemos às forças do céu e nos revestimos de um homem novo. Transformados pelo poder da luz, poderemos vencer a batalha contra nossas próprias trevas.

Não tenha orgulho, vaidade, ira, inveja ou qualquer sentimento de autossuficiência, pois somos fracos e dependentes da graça do pai. É justamente na fraqueza que se produz a força e a prova do meu amor infinito e do meu pai para com a humanidade. Em vista disso, fé irmãos, vocês valem muito!

As dimensões espirituais

A maioria das pessoas ainda tem dúvidas sobre a vida pós-morte e as dimensões espirituais. Céu, inferno, cidade dos homens e purgatório são algumas das ditas consciências das almas. Isto, pois estes planos não se tratam de locais físicos, mas estados espirituais.

Logo, em carne ou espírito, o homem convive com uma realidade própria de acordo com sua evolução. As dimensões estão em nós. Diante disto, façamos do hoje o nosso caminho para a senda do bem e aproveitemos do céu aqui mesmo na terra.

Os deficientes

Os deficientes são pessoas especiais muito amadas pelo pai que devem ser tratadas com amor e respeito por todo mundo. Dependendo do problema que tenham, são plenamente capazes de trabalhar, sair, passear e ter uma vida normal.

Ser deficiente não é vergonha para ninguém. O que é vergonhoso é a crueldade, a criminalidade, a falsidade e a maldade em geral. É importante frisar que em sua maioria as deficiências são genéticas e meu pai não pode ser responsabilizado por isto. É mais comum atribuir-se à natureza com mais justiça.

Aos deficientes, vivam sua vida com paz e alegria, seja um servo de Deus e sua deficiência não lhe deixam com menos mérito. Apenas o tornam especial. Suas atitudes e obras é quem definirão o seu destino.

O valor da cultura

A cultura brasileira é diversificada e composta de diferentes vertentes as quais foram responsáveis pela formação de nossa população: O negro, o índio e o branco. Temos assim uma imensa riqueza a partilhar com o mundo.

Valorize e incentive a cultura na totalidade. Dê esse lazer como presente a si mesmo: vá ao cinema, ao teatro, ao circo, a um estádio, leia um livro na tranquilidade de sua casa. Certamente será de muita valia para sua vida, pois adquirir sabedoria é muito importante.

Não tenha medo

Você é um filho de Deus e muito amado pelo pai. Sinta-se um felizardo pelo dom da vida. Mesmo que os desafios e os problemas sejam gigantes, enfrente-os com coragem, perseverança e fé. É plenamente possível vencer. Basta apenas não se entregar e não ter medo de arriscar.

O pai e mãe como eixos familiares.

O pai e a mãe devem ser o sustentáculo da casa no aspecto financeiro, emocional, espiritual e moral. Em retribuição, os filhos devem ser obedientes e amorosos. É uma troca mútua entre eles que se dará até o fim da vida.

Na velhice, o amparo e o cuidado dos filhos são essenciais para o que agora idosos descansem em paz. É mais que justo, pois, quando jovens fomos cuidados por eles. Portanto, lembre-se disso e não sejais ingratos com vossos pais.

A razoabilidade e proporcionalidade

A razoabilidade e proporcionalidade devem ser consideradas em todas suas atividades na terra. Usando delas, o ser humano poupa esforços inúteis e mantém o foco no essencial.

Também é importante a efetividade, a justiça, a boa análise, a paciência e a fidelidade, pois estas constroem uma personalidade idônea, guerreira e vencedora. Boa sorte a todos em seus empreendimentos.

Desprezar o egoísmo

Tudo o que tiver de fazer faça-o feliz em benefício do outro. Evitando o egoísmo, floresce na alma uma das grandes virtudes que Javé Deus aprecia: A magnanimidade. Este é o sentido da vida: servir ao próximo e ao universo sem esperar contrapartida.

Sem que ao menos perceba, seus projetos e sonhos realizar-se-ão, pois Deus abençoa. No reino futuro, terás um lugar especial junto a mim e a meu pai e nada há de acontecer-lhe em sua estada na Terra. Precisamos mudar o estereótipo de desumanidade e indiferença que se destaca nas pessoas sendo um perfeito apóstolo de cristo ressuscitado. Contudo, para isso, deves estar consciente de seu papel generoso na vida de todos que estão ao seu redor. Em vista disso, não hesite. Faça sempre o bem com desprendimento.

Na vitória e no fracasso

Aproveite cada instante de sua vida. Faça dos breves momentos os mais importantes que puder, pois, o tempo é fugaz. Ninguém há de levar nada desta terra a não ser suas próprias obras e a felicidade que desfrutou.

Lembre-se sempre: na vitória ou fracasso, permaneça firme e forte de ânimo. De suas próprias forças dependem seu sucesso e felicidade. Jamais desacredite no poder e amor infinitos de seu pai que está nos céus. Faça valer este título de "Filho de Deus" plantando boas sementes e espalhando alegria e conforto por onde quer que passe.

Ser verdadeira luz

"Estava caminhando num local deserto sufocado por intensas sombras que me perseguiam. Á medida que eu praticava uma boa ação, a minha luz interior fortalecia-se e gradualmente ia afastando as trevas. Ao final do caminho, elas desapareceram completamente".

Esta elegante frase encerra o significado de ser cristão. Somos ovelhas no meio de lobos que querem nos consumir. De modo a enfrentá-los, devemos seguir com nossas boas ações de tal forma que o mal já não nos atinja. Quanto mais esforçar-se mais resultados colherá de acordo com a máxima de retribuição.

Conclusão

Assim chegamos ao final da palavra revelada. Espero que estas poucas linhas aqui escritas sirvam de consolo, de iluminação e que inspirem a você transformar-se num ser humano melhor.

Tudo pertence ao meu pai: minha alma, meu poder, meu amor e meu dom. Portanto, tudo o que está aqui vem dele ao encontro de vossos corações. Aproveite esta dádiva e conheça um pouco mais deste ser maravilhoso que só objetiva seu bem. Ficarás encantado e feliz. Um abraço a todos e até o próximo livro.

Final

www.ingramcontent.com/pod-product-compliance
Lightning Source LLC
LaVergne TN
LVHW020439080526
838202LV00055B/5259